AF451794

DE
L'INFLUENCE DU CHRISTIANISME

SUR LE

DROIT PÉNAL DES ROMAINS

DISCOURS

PRONONCÉ AUX ASSISES SCIENTIFIQUES, TENUES A DUNKERQUE

(SÉANCE DU 23 AOUT)

par

LE M^{IS} DEQUEUX DE SAINT-HILAIRE

AVOCAT A LA COUR IMPÉRIALE DE PARIS

Paris

IMPRIMERIE A.-E. ROCHETTE,

22, Rue d'Assas, Faubourg Saint-Germain, 22

—

1861

CE DISCOURS A ÉTÉ COMPOSÉ

En réponse à la dix-neuvième question du Programme de l'Institut des Provinces.

Quelle a été l'influence du Christianisme sur la Législation pénale des Romains ?

Le sujet que je me propose de traiter aujourd'hui devant vous est si important, qu'en vérité, un volume suffirait à peine aux développements qu'il réclame; forcé de me renfermer dans les bornes étroites d'un simple discours, et ne voulant pas, du reste, abuser trop longtemps de votre bienveillante attention, je m'occuperai avant tout de restreindre mon sujet; je ne ferai donc qu'en indiquer les traits principaux, me réservant de le traiter plus tard, si je le puis, d'une manière plus complète.

En cela, je ne ferai encore que répondre à la question posée par votre programme. Je n'ai point, en effet, à m'occuper de l'influence du Christianisme sur l'ensemble des institutions, ni sur la civilisation générale du monde romain; ce travail a été admirablement accompli dans les beaux livres de M. de Chateaubriand, *le Génie du Christianisme* et *les Essais historiques;* je n'ai point non plus à vous parler de l'influence du Christianisme sur le droit civil des Romains, sujet que M. le premier président Troplong a traité, il y a quelques années dans un précieux mémoire lu à l'Académie des sciences morales et politiques, avec l'élévation de vues, la justesse d'appréciation et la majesté de style que nous lui connaissons. Je n'ai à vous entretenir en ce moment que de l'influence que le Christianisme a eue sur le droit pénal.

Si je n'avais qu'à prouver cette influence, ma tâche serait trop facile. Le Christianisme, à l'influence duquel nous devons le progrès de toutes les civilisations, toutes les grandes, les magnifiques institutions, est trop prouvé par ces glorieuses marques, pour qu'il soit nécessaire de venir le démontrer par de faibles paroles; ce que j'ai à faire, je le comprends, c'est d'expliquer comment cette influence a agi sur le monde, et de le démontrer à l'aide de l'histoire et de la philosophie.

Ce sujet, on le voit, est comme je le disais tout-à-l'heure, extrêmement important, car il embrasse un immense espace de temps; plus de dix-huit siècles, depuis la naissance du Christ jusqu'à nos jours, traversant les époques les plus diverses et les plus tourmentées, la conquête du monde romain par les Barbares, et le Moyen-Age; enfin, parce qu'il faudrait pour le bien traiter, suivre toutes les transformations, je ne dirai pas des gouvernements et des institutions, mais en quelque sorte toutes les transformations de la pensée humaine.

Il faudrait, en effet, jeter d'abord un coup-d'œil sur les principales institutions romaines avant Jésus-Christ; faire le tableau politique et juridique de l'Etat romain depuis la fondation de Rome jusqu'aux empereurs chrétiens; rechercher le progrès du du sentiment moral et naturel; étudier de quelle façon la philosophie et surtout le stoïcisme, dans les derniers temps de la république, ont précédé et insensiblement amené le triomphe du Christianisme; il faudrait après cela s'attacher à faire ressortir l'influence que le Christianisme a eue sur toutes les institutions romaines, influence calme, douce, paisible, mais continue, incessante, incontestable et incontestée : passant à ce qui fait le fond de notre sujet, il faudrait savoir ce qu'était le droit pénal chez les Romains, et, hâtons-nous de le dire, c'était une partie accessoire du droit civil; étudier la formation successive du nouveau droit de Justinien, cet empereur de province, hardi novateur, qui le premier eut l'idée de réunir toute la somme de la jurisprudence en divers recueils de lois, qu'il ordonna de suivre et de respecter, mais dont l'époque nous montre ce spectacle singulier et affligeant d'un empereur donnant le premier Code complet des lois romaines, alors qu'il règne sur l'Orient que les Barbares ont envahi presque toute la péninsule italique, que Rome est perdue pour lui, et que, malgré les succès de Bélisaire et de Narsès, ses possessions vont se réduire en Italie, à l'exarchat de Ravenne : quoi qu'il en soit la composition du *Code* et des *Institutes* nous montre des traces évidentes et impérissables du Christianisme; ce droit de Justinien touche au droit moderne, à notre Code civil, et cependant, il faudra douze siècles et le contre-coup de la féodalité pour le pousser jusque-là.

Après avoir étudié la période romaine, il nous faudrait passer au Moyen-Age, à cette époque de transition, espèce de seconde enfance de la civilisation, et jeter un coup-d'œil sur le droit canonique et le droit barbare; à la féodalité, qui, s'intitulant haineuse de droit romain, le remplaçait par les coutumes, qui, avec de nombreuses modifications, durent jusqu'en 1789. A cette époque, le Christianisme domine partout, il est la religion universelle, et cependant nous trouverions de bien singuliers caractères, des traces bien bizarres de son influence sur certaines institutions, et surtout sur le droit pénal, jusqu'au moment où éclate la Révolution de 1789, qui écrase sans retour la féodalité. Pour la première fois depuis dix-huit siècles, les grands principes du Christianisme sont proclamés d'une façon violente et terrible que nous devons assurément regretter; mais, l'égalité juridique obtenue, les institutions féodales abolies, plus d'esclaves ni de maîtres, plus de seigneurs ni de vassaux, voilà quelles sont les conquêtes à jamais glorieuses et admirables de la Révolution de 1789.

Après avoir parcouru ce long espace, il ne resterait plus qu'à examiner si la rédaction de notre Code pénal est à l'abri de tout reproche et de toute critique; si les idées généreuses et morales du Christianisme y sont toutes respectées, si enfin nos modes de procédure et de répression sont à la hauteur du progrès intellectuel et moral que le monde n'a cessé de faire et qui a placé la France au premier rang parmi les nations civilisées.

Voilà, Messieurs, le programme, je pourrais dire la table des matières du livre qu'il y aurait à faire sur la question profonde que vous avez posée. L'indiquer sommairement, comme je viens de le faire, c'est assez vous en faire connaître les difficultés et les écueils; c'est assez vous dire également combien je suis au-dessous d'une pareille tâche, d'un travail qui demanderait plus de science, plus de profondeur et surtout plus d'expérience que je n'en ai, mais que je ne suis décidé à entreprendre que pour répondre au bienveillant appel qui m'a été fait par Messieurs les Secrétaires-Généraux et pour témoigner de mon respect et de ma profonde sympathie pour ce Congrès scientifique et archéologique qui se tient cette année dans une ville qui m'est chère à plus d'un titre et à laquelle je me fais gloire d'appartenir.

ORIGINE PHILOSOPHIQUE

DU DROIT PÉNAL

La raison, la philosophie, l'histoire, tout dans la nature démontre d'une façon irrécusable que l'homme a été créé pour vivre en société, et que ce que quelques auteurs ont appelé l'état de nature, c'est-à-dire l'état isolé et sauvage, serait plus justement nommé un état contre nature. C'est dans la société seule que l'homme peut éprouver les sentiments, ressentir les affections, développer enfin tous ses moyens de perfection; en un mot l'homme ne peut pas vivre sans l'homme.

Mais chez l'homme même, la philosophie nous apprend aussi qu'il y a lutte entre deux sortes de sentiments particuliers qui se partagent son esprit : il y a d'abord les sentiments personnels, inhérents à la nature humaine, qui nous montrent l'homme occupé seulement de lui-même, et nullement du bien de son semblable, c'est-à-dire un parfait égoïste ; il y a ensuite les sentiments sociaux, si je puis ainsi parler, qui le poussent à faire du bien aux autres, à se sacrifier pour le bonheur d'autrui, en un mot, à être chrétien.

C'est une chose admirable en vérité, et que nous ne devons point passer sous silence, qu'avant de changer les institutions, le Christianisme a commencé par changer les hommes, par modifier leur nature, et d'égoïstes et d'indifférents qu'ils étaient, à en faire des hommes préoccupés du bien de leurs frères, et prêts à donner leur vie pour eux.

Dans toute société, dans toute réunion d'individus, il faut un chef, il faut un ordre, une loi quelconque qui garantisse le droit de chacun et le mette à l'abri des attaques injustes et violentes : de là vient l'idée du devoir et en même temps celle du droit, car le devoir de l'un a nécessairement pour conséquence fatale le droit de l'autre; le droit et le devoir sont intimement unis par un lien indissoluble. De cette façon est née aussi l'idée de la justice qui repose tout entière sur le libre exercice des droits, et la bonne observance des devoirs. C'est là le bien-être de chacun en particulier, et partant, le bonheur général, car, comme le dit si bien Cicéron : « le but de toute société est d'unir si étroitement le bien » public et le bien particulier, que si l'un des deux venait » à l'emporter sur l'autre, tout l'équilibre social en fut ren- » versé (1). »

Mais, cependant, ces droits et ces devoirs de la société comment seront-ils observés par tous les hommes dans le conflit perpétuel des sentiments personnels et sociaux; dans la lutte incessante des passions entre elles? La raison seule, l'obligation morale seront-elles suffisantes à faire sans cesse prévaloir la justice et l'équité?

L'expérience nous prouve chaque jour que, dans notre nature faible et impuissante, les hommes se laissent souvent entraîner par leurs mauvais penchants, et que, sourds à la voix de la raison, ils brisent tout lien moral. Il fallait donc pour les retenir dans la voie du devoir plus que des lois, il fallait faire obéir et respecter ces lois, et, pour cela, il fallait retenir et effrayer les hommes par la crainte d'une punition s'ils osaient les violer.

---

(1) Unum debet esse omnibus propositum, ut eadem sit utilitas unius cujusque et universorum, quam si ad se quisquis rapiat, dissolvetur omnis humana consociatio.   CICÉRON.

Cette menace inhérente à la loi, n'est autre chose que la contrainte matérielle et morale qui oblige les hommes à l'observer, c'est ce que les législateurs appellent la sanction pénale de la loi.

Ainsi, de la nécessité de faire des lois, afin de conserver et de perfectionner la société, pour le bien et l'utilité de tous ses membres, est né comme conséquence immédiate et nécessaire, le droit de les munir d'une sanction pénale, et, pour les faire respecter, d'appliquer à ceux qui les violaient, la peine dont on les avait menacés.

Voilà l'origine du droit pénal.

Si nous admettons après cela que le but de toute société est d'obtenir le plus grand bien possible, et que ce résultat ne peut s'obtenir sans la sûreté et la tranquillité publique et privée, on comprendra aisément que les lois pénales, nous procurant l'une et l'autre, en réprimant les actions qui pourraient nous nuire, ont nécessairement pour objet principal cette tranquillité et cette sécurité publique et privée (1).

Voilà, selon la philosophie, l'origine, le développement, le but et la définition du droit pénal : tout cela est fort juste assurément; cependant je croirais manquer à la gravité et à l'élévation de mon sujet, si je n'ajoutais encore quelques mots sur l'idée que nous devons nous faire du droit pénal, selon la morale.

Le droit pénal est, en effet, entièrement du domaine de la morale. La loi faite par les hommes a choisi quelques faits isolés, incapable qu'elle était de les prévoir et de les prévenir tous; et elle les a punis d'une façon plus ou moins sévère, cherchant moins la gravité morale du délit ou du crime que la gravité relative, et le danger probable pour la société.

Aussi cette législation est loin d'être à l'abri de tout reproche et de toute critique : mais la loi est une œuvre des hommes qui se

(1) *Sui fondamenti del Diritto punitivo, investigazioni filosofiche del prof. avv. Lazzaro Buffalini, Firenze, 1857.*

ressent de la fragilité et de l'impuissance humaines ; la morale, au contraire, est une œuvre divine, parfaite comme la divinité même. La loi est basée sur l'égalité des hommes devant la loi, et cependant ce monde n'est qu'inégalités ; inégalités de toutes sortes : inégalité d'intelligence, d'éducation, de fortune, de position sociale, toutes choses dont il faudrait tenir compte dans une législation pénale parfaite ; toutes choses qui, dans la législation humaine, sont impossibles.

Aussi, ne croirai-je pas me tromper en disant que le plus parfait modèle de la législation pénale doit être dans l'idée que nous nous faisons de la justice divine, justice tempérée par la plus admirable et la plus sublime miséricorde, tandis que la justice humaine, et c'est encore un signe de sa faiblesse, est impitoyable. Aussi, arrive-t-il quelquefois, rarement il est vrai, que des crimes non prévus restent impunis, tandis que d'autres qui mériteraient souvent beaucoup d'indulgence, sont très-sévèrement réprimés.

J'indiquais tout-à-l'heure le parallèle de la répression pénale et de la morale ; le trait le plus saillant de leur dissemblance est que la justice humaine ne peut que réprimer tandis que la morale prévient.

Mais, comment arriver à un pareil résultat ?

Comment, avec la société de nos jours, société qui n'est pas toujours des plus édifiantes, parvenir à donner à la morale une telle force, un tel empire, un tel ascendant ? « Le Christia- » nisme, et surtout le catholicisme, a dit un grand écrivain, qui » était en même temps un grand penseur, étant un système » complet de répression des tendances dépravées de l'homme, » est le plus grand élément de l'ordre social. »

C'est en effet par le Christianisme, on le verra dans la suite de ce discours, que la société pourra marcher dans la voie du progrès vers l'idée de perfectibilité qui est le but de toutes les civilisations, et ce but elle l'atteindra, n'en doutons point.

Voilà, Messieurs, les quelques notions fort abrégées que nous donne la philosophie sur le droit pénal, je n'approfondirai pas ce côté de la question, et je me hâte de passer à la partie historique; mais il était indispensable de bien fixer en commençant ce que c'était que le droit pénal, et comment il s'était formé avant d'arriver à l'étude du droit pénal des Romains qui nous mènera tout naturellement, par la force des évènements et de l'histoire, au Christianisme.

COUP-D'ŒIL SUR L'ENSEMBLE DU DROIT ROMAIN

SUR SA MARCHE PROGRESSIVE AVANT JÉSUS-CHRIST.

Il faut maintenant jeter un coup-d'œil rapide sur les principales institutions romaines, sur le droit civil, afin de bien comprendre quel il était; quel était le droit pénal; comment il a changé lorsque les institutions ont changé, depuis la fondation de Rome jusqu'à la chûte de l'empire, comment enfin la philosophie d'abord et le Christianisme ensuite l'ont complétement modifié.

Le droit romain, comme on l'a si judicieusement remarqué jusqu'à M. de Savigny, n'a procédé jamais par saccades ni soubresauts; il s'est formé lentement; il s'est développé de même; ainsi, nous voyons d'abord, à l'époque de la fondation de Rome, le droit rigoureux, violent des nations qui commencent; un droit fondé sur la force, et dont la poétique légende de l'enlèvement des Sabines est un des traits caractéristiques. A cette époque, sous les rois, après les règles si utiles, si pratiques, si excellentes d'administration intérieure, de politique et de droit, de Numa Pompilius et de Servius Tullius, nous voyons un peuple éminemment aristocratique, chez qui le pouvoir est aux mains du sénat uniquement composé de patriciens : mais bientôt les plébéiens repoussés, abattus, retenus loin des affaires, s'irritent de cet abaissement et de cette servitude; le mécontentement amène la révolte qui, longtemps préparée et longtemps contenue, éclate enfin, prenant pour prétexte le crime de Tarquin et la mort de Lucrèce ; le parti démocratique triomphe et obtient d'abord des tribuns, puis la *loi des Douze-Tables* que je regarde, avec le savant M. Guérard, comme la conquête des plébéiens sur les patriciens. Mais, si jusqu'à présent, nous avons vu l'élément démocratique s'agiter et déborder un instant comme un torrent impétueux le patriciat romain, nous allons voir, pendant toute la république, la lutte des patriciens cherchant à reconquérir une partie de leurs avantages perdus, cherchant avec plus de soin et de sollicitude encore à conserver les anciens droits qui leur restent; enfin, n'ayant plus qu'un seul but, celui de renfermer dans des limites toujours plus étroites ce parti démocratique toujours plus fort, toujours plus puissant, qui les déborde sans cesse, qui envahit tout; qui, après avoir obtenu les tribuns avec le seul et terrible droit de *veto*, obtient bientôt les *préteurs*, ces hommes du progrès, dont la mission est sans cesse de corriger, de compléter, d'expliquer le vieux droit de la loi immuable des *Douze-Tables*, de l'approprier aux mœurs, aux coutumes, aux usages nouveaux, aux besoins changeants, enfin aux conquêtes de l'esprit démocratique et aux conquêtes bien plus importantes de la philosophie et du stoïcisme qui, j'ose le dire, a préparé le Christianisme.

Si maintenant nous voulons pénétrer plus avant, et étudier particulièrement quelques traits de la législation romaine, nous verrons « que le droit civil a été, comme le dit si bien M. Troplong (1), empreint à son origine de la rudesse théocratique et aristocratique inséparable de toutes les époques appelées *héroïques*. » Dans ce droit primitif, il ne faut pas chercher l'équité na-

(1) TROPLONG; *De l'influence du Christianisme sur le droit civil des Romains.* — Paris, 1855.

turelle, qui ne fut jamais admise chez les Romains qu'à titre d'hospitalité, ni la voix de l'humanité qui parle si haut chez les peuples civilisés, il ne s'agit que du juste et de l'injuste : le juste, c'est ce qui est permis ou ordonné par les lois ; l'injuste, c'est le contraire. Peu importe, du reste, que la loi soit d'accord avec la morale ; le droit est inflexible, *strictum jus*, et la formule même de la loi des *Douze-Tables : Ita jus esto*, le montre assez ; si ce n'est pas ce qui est juste, c'est ce qui est légal ; le droit tient lieu de justice, d'équité et de morale. Il est aisé, d'après ces notions, de se figurer les résultats qu'un pareil droit dût avoir.

Cette influence du droit, disons-le de suite, était telle qu'elle enveloppait en quelque sorte les citoyens comme d'une seconde athmosphère ; le droit leur faisait une seconde nature bien autrement puissante que la nature humaine. Naturellement, ils n'étaient que des hommes (*homines*) ; mais ce n'était que civilement et juridiquement qu'ils pouvaient être pères, époux, fils ou frères (*personœ*) ; en un mot, qu'ils pouvaient être citoyens romains. Etre citoyen romain ! grand honneur, immense prérogative, surtout dans les premiers temps de la république ; et c'est quand on lit les auteurs de cette époque, que l'on voit quelle était la puissance de ce mot : *Civis sum romanus* (1).

Les Romains vivaient donc dans le droit et par le droit ; la loi leur faisait une seconde existence ; elle leur faisait une personne en un mot : *persona*, le mot est juridique et curieux ; car il signifie en même temps un personnage dramatique, un rôle. La loi donnait, en effet, un rôle dans la grande famille juridique aux citoyens romains, rôle qui, ne tenant aucun compte de la vie natu-

---

(1) Bien des guerres eurent lieu entre les Romains et les peuples nouvellement conquis, pour obtenir ce titre si ambitionné. Il était réservé d'abord aux habitants de l'*Ager Romanus ;* bientôt il fut étendu à tout le *Latium ;* mais on ne le prodiguait point encore cependant ; et la différence était grande entre les *cives* et les *peregrini,* qui tous deux étaient Romains: le mot de *Barbari* indiquait les étrangers, et *hostes,* les peuples avec lesquels on était en guerre.

relle, se continuait quelquefois au-delà de cette vie, comme on le voit dans l'intéressante matière des testaments, où tantôt le défunt était censé vivre juridiquement jusqu'au moment où l'héritier faisait addition; quelquefois, elle finissait avant la vie naturelle par la mort civile.

Mais cependant le droit ne pouvait pas étouffer entièrement la nature; on ne pouvait cesser d'exister naturellement pour vivre civilement; les liens du sang ne pouvaient arbitrairement être brisés pour jamais par l'effet du droit; le droit lui-même ne pouvait en créer que de factices. De là vient un dualisme fort curieux à étudier dans le droit romain : d'un côté, la famille juridique ; de l'autre, la famille naturelle reconnue et respectée, mais ne donnant droit à aucune prérogative légale. D'un côté, par exemple, il y avait la parenté civile *(agnatio)* ; de l'autre, la parenté naturelle *(cognatio)* ; le mariage civil *(justæ nuptiæ, justum matrimonium)* et l'union naturelle, le concubinat *(concubinatus)*, qui était un état parfaitement licite et régulier; car la seule différence des justes noces et du concubinat était l'omission de certaines cérémonies, et le plus souvent une question d'intention. Il est à remarquer que le droit romain n'a jamais reculé devant aucune question d'intention ; dans notre droit français, au contraire, on les évite autant que possible. Voilà pour la famille. Pour la propriété, même différence : il y avait la propriété romaine *(dominium ex jure quiritium)*, et la propriété naturelle *(inbonis)* ; le testament et le codicille, etc.

Le secret de cette différence, de ce dualisme singulier, le secret, comme dit M. Troplong, de toute l'histoire du droit romain, c'est la lutte de l'équité contre le droit civil.

Le droit civil, c'est le droit strict, inflexible, inexorable, dont je parlais tout-à-l'heure, de la loi des *Douze-Tables;* ce droit qui commande d'une manière impérieuse et dure; qui régit par la force et la superstition; qui crée une seconde nature.

L'équité, c'est le principe de droit naturel que nous verrons se développer peu à peu avec les préteurs, qui cherchent à corriger cette inflexibilité du droit strict, et qui les premiers y font intervenir les questions d'humanité, d'intention et de bonne foi.

ORGANISATION DE LA FAMILLE ROMAINE

LA PUISSANCE PATERNELLE ; CONDITION DES FEMMES

Si nous voulons quelques exemples de ce *strictum jus,* de ce
droit sévère et impitoyablement logique, c'est son honneur, c'est
aussi son défaut ; si nous voulons un exemple entre mille qui
nous montre en même temps quels étaient les priviléges im-
menses que la loi accordait aux citoyens romains, prenons la
puissance paternelle et maritale, l'autorité du père et du mari :
cette puissance si grande, si terrible, si nécessaire à cette époque,
et qui fut, je le crois, dans les premiers temps, une des causes
de la grandeur de Rome. Que voyons-nous ? Le père de famille
(*paterfamilias*) (nous avons conservé ce nom dans le Code civil ;
mais combien le sens en est différent!) ; le père de famille, qui a
l'autorité la plus étendue : il est le maître et le père de sa femme ;
il a droit de vie et de mort sur elle et sur les enfants qu'elle
lui a donnés ; il a la puissance suprême sur tous leurs biens.
Les enfants, quel que soit leur âge, leur dignité même dans
la république, sont toujours soumis à cette terrible autocratie
qui est l'une des bases les plus sacrées de la constitution
romaine, et que nul au monde ne peut posséder, si ce n'est le
citoyen romain ; enfin, ce père est juge suprême et sans appel de

sa famille : justice terrible, si l'on songe que le juge peut être à la fois le bourreau.

Voilà ce qu'était la famille romaine ; voilà ce qu'était la puissance paternelle ; voilà le droit inflexible et inexorable à qui l'équité naturelle, à qui l'humanité sont inconnus ; voilà le droit que le Christianisme devra changer entièrement ; et nous savons comment il y est parvenu.

La condition des femmes était-elle meilleure ?

A ce sujet, que voyons-nous à Rome ? La femme en tutelle perpétuelle, à cause de la faiblesse et de l'infériorité de son sexe (*propter sexus imbecillitatem*) ; ne succédant à son père qu'à défaut des enfants mâles ; n'entrant dans la famille de son mari que par certaines formalités civiles, comme par une vente fictive (*coemptio*) ; ou bien, lorsque le mari a usucapé sa femme par une possession d'un an, absolument comme une chose ; nous savons encore ce qu'elle était dans cette nouvelle famille : fille de son mari et sœur de ses enfants. Devenait-elle veuve, elle ne recouvrait point pour cela son indépendance ; elle retombait sous la tutelle de celui que le testament de son mari avait désigné, ou, à défaut de testament, elle avait un tuteur légal dans sa nouvelle famille.

On voit le changement profond qu'eût à faire le Christianisme de ce côté encore ; lui qui a proclamé la sainteté du mariage, l'égalité du mari et de la femme ; lui, qui a créé enfin la famille telle que nous la connaissons, c'est-à-dire cet admirable ensemble de droits et de devoirs réciproques, de soins, d'affections, de sollicitude pour les parents, de respect, de dévouement, d'amour pour les enfants ; assurément, tous ces sentiments sont de la nature même de l'homme, et ont dû se trouver même dans cet état de choses si contraire à la nature que je viens d'indiquer ; mais c'était alors à l'état d'exception : c'est le Christianisme, c'est la salutaire influence de cette admirable morale, de cette religion divine qui a développé ces sentiments, et qui les a donnés comme règle et comme devoir aux hommes ; admirable changement, sublime philosophie, que celle qui prend pour base de ses commandements, les plus nobles, les plus grands, les plus généreux sentiments de la nature humaine.

Voilà ce qu'était la famille romaine; nous n'avons qu'à jeter les yeux autour de nous pour voir ce qu'est la famille chrétienne. Le changement s'est opéré lentement; la famille a passé par des phases bien diverses avant d'être ce que nous la voyons aujourd'hui. Je n'ai pas à en parler; car cela rentre dans le droit civil.

DE L'ESCLAVAGE

Au-dessous de la famille, au dernier rang de la société romaine dont je viens d'esquisser rapidement l'ensemble, il y a encore une classe d'hommes très-nombreuse, très-importante, souvent fort dangereuse, qui a joué un très-grand rôle dans l'histoire de la civilisation romaine, et que je ne puis passer sous silence : c'étaient les esclaves ; les esclaves qui étaient... je ne saurais dire ce qu'ils étaient, je suis plus à l'aise pour dire ce qu'ils n'étaient pas... Ils n'étaient pas des hommes... non, on leur refusait ce titre *(Ita servus homo est,* Juvénal sat. vi). Ils n'avaient aucune espèce de droits, pas même celui que nous avons tous, si humbles, si pauvres, si misérables que nous soyons, le droit de vivre et de mourir. Ils étaient moins encore que les choses les plus viles, moins que les animaux et que les bêtes de somme, car l'homme n'emploie les animaux qu'à son service, et les esclaves servaient à leurs plaisirs les plus infâmes ; selon la définition du droit même, l'esclave n'était rien ; il n'était pas si vil qu'il était nul *(non tam vilis quam nullus)*.

L'esclavage est une des plaies les plus grandes de l'humanité, mais c'est la plaie ordinaire de toutes les sociétés qui naissent, et qui sont basées sur la force et la violence. De tous les droits, le plus terrible, comme le plus inique, est le droit du plus fort ; et, chose singulière, presque toutes les philosophies anciennes ont cherché à justifier l'esclavage. Hélas! les raisons que les plus grands philosophes ont essayé d'en donner ont si peu de valeur qu'elles seules suffiraient à montrer combien la cause qu'ils cherchaient à défendre était mauvaise. — Je ne m'arrêterai pas à ces essais de justification de la philosophie contre la nature et l'équité; cependant, il en est un que je crois devoir rapporter ici, à cause du nom illustre de son auteur; c'est la théorie qu'Aristote donne de l'esclavage.

« Il y a peu de différence, dit Aristote, dans les services que l'homme tire de l'esclave et de l'animal, *la nature même le veut*, puisqu'elle fait les corps des hommes libres différents de ceux de l'esclave, donnant aux uns la force qui convient à leur destination, et aux autres une stature droite et élevée. »

Et la conclusion :

« Il est donc évident que les uns sont naturellement libres et les autres naturellement esclaves, et que pour ces derniers l'esclavage est aussi utile que juste (1). »

Cette singulière définition, la conclusion plus singulière encore ne vous fait-elle pas souvenir de ce mot fameux et triste, que jeta à la tribune lorsque de notre temps, au XIXe siècle, s'agitait la question de la liberté des esclaves dans les Colonies et en Amérique, un défenseur de la traite des nègres, dont je ne veux pas savoir le nom; il insistait surtout sur les différences de nature et d'intelligence qui existent, disait-il, entre les esclaves et les maîtres, et il lançait à la fin de son discours cet argument qu'il croyait irrésistible : « D'abord ils sont noirs et nous sommes blancs! »

Vous le voyez, c'est la théorie d'Aristote, traduite en langue vulgaire.

Je ne veux pas oublier, puisque je suis sur ce sujet, de rappeler que ce fut au XVIIIe siècle, sous le règne de Louis XVI, que la France donnant la première comme toujours, le noble

1) ARISTOTE. — *Politique*. Livre 1er, ch. 2; § 14-15.

exemple de désintéressement et de respect pour la dignité de la nature humaine et pour la loi morale de Dieu, proclama cette loi à jamais célèbre :

« Tout esclave qui met le pied sur le territoire français est libre. »

Magnifique conquête morale qui est au-dessus de toutes les conquêtes magnifiques que la France avait déjà faites, et qu'elle devait faire encore plus tard.

L'esclave romain, n'étant rien, ne pouvait rien posséder, il n'avait aucun droit; tous les liens de la nature et du sang n'existaient pas pour lui; pas de famille, pas de parents, faut-il dire, pas d'amis! Il était la chose de son maître qui, d'un geste, d'un mot, le condamnait à la plus dure captivité, et même à la mort, à engraisser les murènes de Pollion, ou, allumé en guise de flambeau, à éclairer les orgies de Néron.

Il serait curieux et intéressant de voir les progrès lents, mais sérieux cependant de la nature, du bon sens, et surtout du sentiment de pitié contre la philosophie pour qui l'esclavage était une chose toute naturelle; contre la loi qui ne reconnaissait aucun droit à l'esclave. Ce progrès a commencé de bonne heure; pendant la république, dans l'espace qui sépare la première de le seconde guerre punique, un homme, un grand esprit, un grand cœur, un profond philosophe, ami de l'austère Caton, Plaute, en un mot, osa dans une de ces belles comédies que le temps a respectées et que la postérité admire, osa le premier mettre en scène, au lieu de l'esclave éternellement paresseux, débauché, vicieux, grossier, corrompu et corrompant, un esclave se dévouant corps et âme à son maître prisonnier, se faisant passer pour lui, restant en otage à sa place et le sauvant par son dévouement, au péril de ses jours; et de l'autre côté, le maître reconnaissant envers son esclave et faisant usage de sa liberté pour délivrer son sauveur. C'est là en effet le sujet des *Captifs*, ce drame émouvant, profond et sublime; ce plaidoyer énergique et vraiment inspiré, en faveur de l'égalité des hommes entre eux, par les sentiments. C'est en effet dans les sentiments qu'est la véritable égalité et la véritable noblesse.

Maintenant, si j'ai pris pour exemple de ce que je viens de dire, Plaute, un simple poète comique qui fut esclave lui-même, de préférence aux grands philosophes de cette époque, c'est que je suis toujours heureux, c'est que je saisis avec empressement l'occasion de montrer l'influence féconde et bienfaisante que la grande et saine littérature a eue de tout temps sur les institutions et sur les mœurs des peuples, et que je m'empresse de revendiquer pour elle la priorité des généreuses idées et des nobles sentiments.

Plus tard, nous avons les admirables *Satires* de Juvénal qui étincellent de sublimes beautés (1), et dans lesquelles, tout en faisant un tableau exagéré, je le veux bien, mais vrai cependant de la corruption romaine au deuxième siècle de notre ère ; tout en montrant les vices des maîtres, la corruption et la misère des esclaves, le poète trouve encore de ces accents inspirés par le Christianisme pour flétrir les vices des grands et du peuple ; pour montrer que si les vertus de la république ont été une des causes les plus puissantes de grandeur et d'élévation, ce sont les vices qui précipitent l'empire à sa ruine ; et partout il prêche le respect que l'on doit avoir pour la dignité et pour la vie des hommes (2).

En même temps nous avons les jurisconsultes du deuxième siècle, tous stoïciens qui proclament, l'un, Florentinus, que « l'esclavage est un établissement du droit des gens, contre na- » ture (3) » Un autre, Ulpien, que « en ce qui concerne le droit » naturel, tous les hommes sont égaux » (4) ; et qui conclue

(1) Boileau, *Art poétique.*
(2) *Nulla unquam de morte hominis cunctatio longa est.*

(Juvénal. Sat. VI, v. 221.)

(3) Livre IV. § 1. *Digeste. De Statu homini.*
(4) *Lex* 32. *Digest. De Reg. juris.*
Quia quod ad jus naturale attinet, omnes homines æquales sunt.....

enfin par ces mots : « par le droit naturel tous les hommes sont libres (1). »

Vient enfin Sénèque, chrétien plutôt que stoïcien ; Sénèque, chez lequel le stoïcisme se confond et s'absorbe dans le Christianisme, Sénèque qui, du temps de Néron, ose dire : « que la na- » ture a établi entre les hommes une certaine parenté. *Inter nos* » *cognationem quamdam natura constituit.* » De cette parenté dont parle Sénèque à la fraternité du Christianisme, il n'y a qu'un pas, et l'on comprend que les Pères de l'Eglise et surtout saint Paul aient pu appeler Sénèque un des leurs : « *Seneca noster.* »

Au Christianisme cependant était réservé cet honneur de proclamer la fraternité entre les hommes, d'effacer toute trace de ce dualisme païen si contraire à toutes les lois de l'équité et de la morale, de délivrer enfin complétement les esclaves : *Christus nos liberavit*, dit l'Ecriture : c'est le Christ libérateur. Mais que de difficultés n'allait-il pas rencontrer dans l'accomplissement de cette tâche si pleine d'humanité ; d'un côté, l'esclavage était entré bien avant dans les mœurs, et les maîtres assurément auraient peine à se résoudre à faire le sacrifice d'une partie très-importante de leur fortune ; d'un autre côté, n'y avait-il pas de grands inconvénients à jeter ainsi au milieu des villes et des provinces une masse d'anciens esclaves qui, subitement affranchis, n'avaient d'autre bien que la liberté. On avait vu déjà combien cela était dangereux sous Auguste (2), lorsque par des motifs de va-

(1) *Jure naturali omnes liberi nascentur.* (*Lex 4. Digest. De Just. et Jure*).

(2) Sous Auguste, les affranchis étaient la peste de Rome (Voyez Horace). Par une générosité posthume, les gens riches affranchissaient par testament leurs esclaves, qui suivaient le convoi de leur maître avec le bonnet de la liberté ; ces esclaves affranchis se répandaient ensuite dans la ville sans moyens d'existence. La loi *Ælia Sentia,* portée sous Auguste, défendit les affranchissements faits en fraude des droits des créanciers (*impedit libertatem*). Elle défendit de plus au maître mineur de vingt ans d'affranchir, si ce n'est par la *vindicte*, et avec l'avis d'un conseil ; il fallait de plus que l'esclave eut trente ans. Une autre loi, la loi *Furia caninia*, limita les affranchissements par testament et établit un tarif.

nité et d'orgueil, une libéralité inintelligente et posthume venait remplir Rome et l'Italie de ces nouveaux affranchis, la plupart corrompus par un long esclavage, et que l'empereur lui-même était forcé à plusieurs reprises de porter des lois pour restreindre les affranchissements et pour régler la position des nouveaux affranchis, qu'il assimila tantôt aux latins et tantôt aux déditices.

Etait-ce par une nouvelle loi qu'on pouvait atteindre le but qu'on se proposait; mais, comme Horace l'a fort bien dit : « Les lois, sans les mœurs que peuvent-elles ?

Quid prosunt leges sint moribus ?

Et il avait pour preuve de ce qu'il avançait l'impuissance des lois d'Auguste, qui aurait voulu réformer le monde par des lois.

Ne nous y trompons pas, Messieurs, ce mot d'Horace est très-profond, c'est le fondement, je pourrais dire, c'est la devise du Christianisme. Le Christianisme a reconnu qu'il n'y avait qu'un moyen de régénérer le monde, c'était, non pas de changer sans cesse les lois, non pas de défendre ou d'ordonner des choses qui étaient plus ou moins exécutées; mais de changer les mœurs, de commencer par la réforme des idées, des sentiments, des pensées, et que la réforme des lois viendrait tout naturellement ensuite. Voilà pourquoi il n'a rien voulu changer en commençant, ni aux usages, ni aux coutumes, il a professé une morale plus élevée, plus grave, plus humaine que celle qui était connue jusqu'alors; il changea le point de vue : montra la terre comme un exil, présenta le ciel comme la véritable patrie; montra, le premier, l'exemple de la soumission et de l'obéissance aux lois en tout, sauf en un point, celui de la croyance, et, à côté d'une vie exemplaire sut montrer une mort sans crainte et sans regrets; les mœurs étant changées, les lois changèrent d'elles-mêmes sans secousse et sans révolution.

ORIGINE ET DÉVELOPPEMENT

DU CHRISTIANISME

Au point où nous sommes parvenus, il est bon de rechercher comment le Christianisme, qui fait le fond du sujet que nous avons à traiter, a pris naissance et comment il s'est développé.

Pour cela, il faut jeter rapidement un regard en arrière, et examiner sommairement les deux philosophies que le Christianisme a renversées ou plutôt qu'il a dépassées, mais que cependant il n'a pu faire oublier.

Nous sommes souvent portés à croire que les grandes choses, les institutions importantes, se sont produites tout-à-coup, spontanément, sans aucune préparation, comme ces îles factices que des volcans sous-marins présentent aux yeux des navigateurs étonnés au milieu de l'immensité des mers : c'est, à mon avis, une grave erreur.

Les grandes choses comme les grands hommes, ont toujours été préparées et amenées ; il y a une sorte de genèse curieuse à étudier des grandes institutions ; le progrès est essentiellement lent, la matière s'est développée, a grandi insensiblement, a passé par bien des phases diverses avant d'arriver au point de perfection où nous la voyons ; c'est ainsi que le Christianisme a été préparé et amené par la philosophie et surtout par le stoïcisme; mais lorsqu'il a paru, quand il s'est développé, sa grandeur, son éclat illuminant le monde a rejeté dans l'ombre tout ce qui l'avait précédé.

La philosophie eut quelque peine à s'introduire à Rome : en effet, le caractère du peuple s'y prêtait peu, et les patriciens lui refusaient le droit de cité. Aussi, peut-on dire avec raison, que le point initial de l'âge philosophique est dans le siècle de Cicéron (1), ce siècle qui fut celui d'un grand mouvement intellectuel.

Déjà à cette époque, la noblesse romaine commençait à envoyer ses fils étudier à Athènes la philosophie et les arts de la Grèce. Les rhéteurs enseignaient à Rome une nouvelle doctrine, malgré l'opposition systématique des amis des vieilles coutumes et, en particulier, de l'austère Caton.

A cette époque, deux doctrines principales se trouvaient en présence, celle d'Epicure, et celle de Zénon, l'épicuréisme et le stoïcisme.

On a beaucoup médit de l'épicuréisme qui fut, dès l'abord, si fort goûté en Grèce et à Rome, par toutes les hautes classes de la société. Le système d'Epicure est loin d'être cependant ce que l'ont fait les hommes qui ont poussé à l'extrême ses doctrines avec une inflexible logique. Epicure voulait éviter la douleur; Zénon la niait; selon Epicure, il fallait vivre de la manière la plus commode, la plus facile, la plus tranquille; et, il faut le dire, Epicure trouvait dans l'honnêteté, dans la vertu, le plus sûr moyen de vivre heureux; selon Zénon, il fallait vivre pour et par la vertu; commander à ses passions; conserver partout et toujours sa liberté de conscience, son indépendance, et savoir quitter, sans regrets comme sans crainte, cette vie de misère où la vertu n'était qu'un nom. Les plus illustres des épicuriens, dans le vrai sens du mot et de la

____

(1) Troplong.

doctrine, étaient J. César, Lucrèce, Virgile ; les stoïciens, étaient Brutus, Caton, Thraséas, Sénèque ; entre ces deux philosophies peuvent se placer les éclectiques dont les plus célèbres furent, sans contredit, Cicéron, et Horace qui penchait surtout vers la doctrine morale de Zénon, mais qui pratiquait celle d'Epicure. On le voit par ce court résumé l'Epicuréisme marchait avec le siècle, si je puis me servir de cette expression toute moderne ; le stoïcisme, c'était l'opposition, et la mort glorieuse de Caton (1) était la dernière protestation de la liberté, de l'honneur, de la vertu indomptable et farouche ; c'était en quelque sorte le fantôme de la république romaine, se levant pour écraser de toute la force d'un passé plein de gloire, l'Empire qui venait de naître.

Les doctrines d'Epicure, détournées de leur véritable sens et de leur véritable but, ne servirent bientôt plus qu'à recouvrir les plus honteuses débauches, et ce fut lui que le Christianisme eut à combattre ; mais il n'en était pas ainsi du stoïcisme.

Le stoïcisme, c'est ce qui touche de plus près au Christianisme ; il n'a manqué au stoïcisme pour être tout-à-fait le Christianisme que la charité et l'amour du prochain

Les stoïciens sont honnêtes gens, ils font le bien et dans un but tout-à-fait désintéressé ; ils font le bien pour le bien ; ils aiment la vertu pour la vertu ; ils n'attendent aucune récompense, ils n'en veulent aucune dans ce monde ; ils n'en espèrent aucune dans l'autre, ainsi, pour les stoïciens, pas d'espérance, c'est vrai et c'est triste ; mais aussi, pas de crainte, c'est grand et c'est beau ; la liberté, l'honneur, la grandeur de l'homme sont proclamés et partout respectés ; dédain de la vie, mépris de la mort, amour de la vertu, sans espoir de récompense, voilà les principales maximes du stoïcisme. Que lui manque-t-il, pour être

(1)   ..... An Catonis.
Nobile lethum...
(HORACE, *Od*. I. 12).

le Christanisme, je le répète, l'amour du prochain, la charité et l'espérance, presque rien et tout un monde.

Les stoïciens meurent plutôt que d'agir contre leur devoir et leur conscience, témoin et Sénèque et Thraséas, et Caton et tant d'autres, mais ils s'inquiètent peu de ce que le monde pensera de leur mort, ils ne cherchent pas à donner un exemple; ils dédaignent le monde, que leur importe ce que feront les autres, cela ne les touche point: ils meurent martyrs de leur vertu farouche, austère, scrupuleuse, sans un mot de haine ou de colère contre les tyrans, mais aussi sans un mot de pardon, sans une prière, sans un regret, sans un désir. Le monde est au-dessous d'eux; ce sont de sublimes égoïstes, ce sont d'orgueilleux martyrs, trop fiers pour s'humilier devant qui que ce soit. — Et pourquoi craindre? Pourquoi s'humilier? Et devant qui? Ils n'ont point de croyance que leur vertu; des Dieux, ils ne s'en inquiètent pas, leur vertu les en fait les égaux; ils ne craignent et n'espèrent rien au ciel; ils demeurent donc sans amour, sans foi, sans espérance; ils s'absorbent dans la contemplation de l'immortalité de l'âme, pour eux, rien au-delà.

Quoi qu'il en soit, ces maximes qui peuvent aujourd'hui nous paraître exagérées et singulières, étaient admirables au moment où elles parurent à Rome, au milieu des troubles de la république qui finissait et de l'empire qui allait se lever sur ses débris; je ne crains pas de le répéter, le stoïcisme est ce qui a le plus préparé le Christianisme; mais, je me hâte de le dire, il n'a pas tout fait: le stoïcisme était quelque chose de mort, de froid, de triste; le Christianisme a animé ce cadavre, il y a mis la chaleur et la vie, en proclamant à côté de ces belles maximes stoïciennes, ces autres maximes sans précédents, et toutes nouvelles, qui durent étrangement frapper les oreilles du peuple romain, si essentiellement matérialiste et égoïste; l'amour du prochain et ces trois vertus théologales, qui sont comme les colonnes, les piliers de diamant du temple. Quels horizons nouveaux! Quel monde inespéré est ouvert! Les yeux jusqu'alors baissés vers la terre, attachés à la matière, vont enfin se lever vers les cieux ; plus haut, plus haut encore, toujours plus haut ! Le stoïcisme est vaincu, il est abattu, il est surpassé, le Christianisme vient de naître ; d'un rayon, il a illuminé la terre, il va bientôt changer la face du monde ; il va être la cause et la source de tout progrès ; mais pour qu'il ait plus de force et d'autorité, plus de puissance et de grandeur, il faut qu'il soit persécuté, poursuivi, honni, conspué, il faut que Jésus-Christ, son divin apôtre, meure sur la croix ; il faut que les bases de cette nouvelle religion soient cimentées par le sang des martyrs.

Le Christianisme a grandi et s'est fortifié par la persécution. Voilà ce qui fait que malgré l'élévation de la morale, malgré ces beaux exemples qui honorent l'humanité, malgré le courage de ses grands hommes, malgré le règne à jamais admirable des Antonins, le stoïcisme fut inutile au monde ; et qu'y a-t-il de plus triste que des martyrs inutiles !

On le voit, à l'époque où nous sommes parvenus, c'est-à-dire au commencement de l'empire, il y a une lutte perpétuelle entre la force matérielle et la force morale, lutte qui dure encore ; lutte qui est en quelque sorte le nœud de l'histoire de la société jusqu'à nos jours.

C'est le stoïcisme d'abord qui a soutenu cette lutte ; ne soyons pas ingrats ni injustes pour les premiers soldats, pour les premiers défenseurs de la dignité morale. Mais il y renonce bientôt parce qu'il lui manque cette espérance, vivifiante même pour celui qui meurt ; vivifiante pour l'humanité tout entière. Il renonce à la lutte et commence à pourvoir à la dignité de sa conscience et de sa mort. Il y renonce enfin parce qu'il devient tout-puissant, parce qu'il règne.

Alors un autre esprit se lève et paraît dans l'arène pour soutenir la lutte : c'est l'esprit chrétien ; et au moment même où le stoïcisme semble chanceler sur le trône sur lequel il est monté avec les Antonins, le Christianisme arrive, sorti des derniers rangs de la société, parti des catacombes, humble, pauvre, humilié, flagellé comme son divin Maître, mais qui sort comme une flamme généreuse cachée au fond de la terre, qui fait irruption tout-à-coup, et qui illumine le monde; il paraît et dit au monde étonné : « Je viens remplacer la lumière qui va vous manquer ; le stoïcisme tombe parce qu'il est monté sur le trône, il est temps que, dans la chaire de vérité, je vienne replacer la prédication salutaire à l'humanité. »

DROIT PENAL DES ROMAINS

J'arrive maintenant à l'examen rapide et sommaire de ce qu'était le droit pénal chez les Romains.

Dans l'origine, je l'ai déjà dit, les lois royales furent fort sévères; elles ne le furent pas moins dans les premiers temps de la république, bien que cela fut contraire à son esprit, et la loi des *Douze Tables* est pleine de dispositions fort cruelles, les peines sont presque toujours capitales, le vol y est puni de mort (1), et les supplices terribles de l'eau et du feu y sont mentionnés. Cependant, comme le remarque Montesquieu (2), après l'expulsion des décemvirs, presque toutes les lois qui avaient fixé les peines furent supprimées; on ne les abrogea pas expressément, car il était du caractère des Romains de ne jamais abroger de lois; mais elles n'eurent plus qu'une application fort restreinte, lorsque la loi Porcia eut défendu de mettre à mort un citoyen romain, loi qui dura longtemps même après l'établissement de l'empire; aussi voyons-nous saint Paul condamné à mort par le sénat, se défendre par ces seuls mots : *Civis sum romanus.* Pour les citoyens, la peine n'était que l'exil, et encore n'arrivait-on à ce but que par un moyen détourné qui était l'interdiction de l'eau et du feu.

Du reste, un accusé avait toujours le droit de se retirer avant

---

(1) Pour l'esclave, l'homme libre est battu de verges et *addictus* à celui qu'il a volé.
(2) Montesquieu, *Esprit des lois.* Liv. VI. ch. 15.

le jugement, ou bien d'interrompre toute sorte de procédure ou de poursuite, pourvu qu'avant la sentence du juge, il exécutât ce que voulait son adversaire, ou restituât ce qu'il lui demandait ; l'instance une fois abandonnée ne pouvait jamais être reprise ; c'est d'après tout cela sans doute, que Tite-Live a pu dire que jamais peuple ne fut plus ami de la modération des peines que le peuple romain (1).

Mais plus tard, il n'en fut plus ainsi : pendant les temps de troubles, pendant les luttes terribles de Marius et de Sylla qu'on peut appeler l'agonie de la république romaine, les lois cornéliennes portées par Sylla, furent extrêmement sévères : comme on voyait des meurtriers partout, presque toutes les actions étaient qualifiées de meurtres, et les coupables condamnés à l'exil ou à la mort ; ce fut enfin alors cette époque de proscriptions, qui laissa un si terrible souvenir dans l'esprit même des Romains, et nous verrons, cinq ou six siècles plus tard, quand l'empire fut livré à la soldatesque qui faisait ou défaisait les empereurs à sa fantaisie, nous verrons que le premier cri d'effroi fut : « Allons-nous donc voir revenir le temps affreux des proscriptions de Marius et de Sylla ? » A ces proscriptions, à ces exils innombrables, César ajouta la confiscation des biens, pour ôter aux exilés le pouvoir de conspirer contre lui.

Sous l'empire, les lois pénales semblèrent d'abord se relâcher de cette sévérité ; Octave, le triumvir, qui s'était toujours montré implacable dans ses vengeances jusqu'à faire assassiner Cicéron, devenu Auguste l'empereur, donna presque toujours l'exemple de la modération et de la clémence ; mais ses successeurs revinrent bientôt aux dernières rigueurs. L'empire était alors au pouvoir de l'armée, qui avait la force pour elle. Malheur à tout ce qui n'était pas légionnaire ! C'est aussi la triste et déplorable époque des délateurs, dont on voit l'effrayant tableau dans les

(1) Tite-Live. Liv. 1. ch. 28. — Montesquieu, *Esprit des lois*. Liv. VI. ch. 15.

Satires de Juvénal. Alors on ne vit plus à Rome que défiance et tristesse ; personne n'osait se confier à ses amis, pas même à ses parents ; alors on vit le fils dénoncer et trahir son père, la femme son mari, le frère traîner son frère au supplice, alors régnait dans Rome, selon l'admirable expression du satirique *pallor amicitiæ*, la pâleur, le doute, la défiance de l'amitié (1).

Voilà le résumé succinct de la marche et des progrès du droit pénal à Rome.

Si maintenant nous voulons pénétrer un peu plus avant dans cette matière, et étudier particulièrement quelques-uns des traits caractéristiques de ce droit, nous serons étonnés de ce qu'il laissait à désirer ; nous verrons combien souvent il était inique, et combien ses supplices étaient terribles ; mais nous verrons aussi, en le comparant à notre droit pénal, et c'est à quoi nous devons surtout nous attacher, nous verrons combien le Christianisme l'a modifié ; nous verrons les traces profondément civilisatrices et humaines qu'il y a laissées, et combien son influence a été généreuse et féconde sur ce point comme sur tant d'autres.

Le droit pénal des Romains peut se diviser en deux parties bien distinctes : le droit pénal, qui n'est qu'une sanction, que le complément du droit civil, et le droit criminel, qui réprime les délits et les crimes.

Disons de suite que le premier de ces droits était considérable, tenait une place fort importante dans la législation romaine ; tandis que le second se réduisait à un catalogue, qui avait le défaut qu'ont tous les catalogues, c'est-à-dire de ne jamais être complet, des principaux crimes qui étaient poursuivis et punis par la loi.

(1) . . . . Tristisque sedebat
Pallor amicitiæ. . . . .

(JUVÉNAL, Sat.)

DROIT PENAL

Le droit pénal n'était qu'un accessoire du droit civil; c'était la confirmation de la loi. Au-dessous de chaque sentence du juge, il y avait une condamnation, presque toujours pécuniaire; car chez les Romains, le peuple le plus usurier de la terre, tout s'appréciait en argent.

Ce serait peut-être ici le cas de parler des actions et de la procédure romaine; mais cette matière est si importante et si considérable qu'elle nous entraînerait trop loin hors de notre sujet. Je veux prendre seulement quelques faits les plus ordinaires du droit civil; voir quelle était la peine qu'infligeait la condamnation, et rechercher comment l'influence du Christianisme a pu modifier sensiblement l'impitoyable sanction de la loi. Je crois ne pouvoir faire mieux que de prendre pour exemple la condition des débiteurs à Rome.

Je le disais à l'instant, les Romains étaient le peuple le plus usurier et le plus positif de la terre; leur vie publique et privée se passait au Forum, au milieu des *argentarii*, des banquiers de toute sorte; les patriciens, les patrons, obligaient leurs clients et les attachaient plus fortement à leur cause en leur prêtant de l'argent à un taux exorbitant, et en obtenant contre eux des sentences du juge, qui faisaient de ces clients et de ces affranchis de véritables esclaves. Il sera donc curieux de voir comment la loi traitait les débiteurs.

Dans l'ancien droit de la république, le débiteur s'engageait lui-même *in cute,* dans sa peau; sa personne répondait de sa dette. Etait-il insolvable, il devenait *nexus.* Le *nexus* (dont l'étymologie, donnée par Varron (*De Lingua latina*) et par le *Digeste,* est *nec suus* qui ne s'appartient plus) était donc l'homme qui, par suite de la *manus injectio,* sorte de contrainte par corps, et d'une sentence du juge, devenait l'esclave personnel du créancier : il perdait sa liberté; le créancier avait sur lui tous les droits du maître sur son esclave, *même celui de le couper par morceaux...* Je cite textuellement. M. Giraud, l'éminent professeur, dans une fort belle dissertation sur la condition des *nexi,* pense que ces droits rigoureux étaient fort adoucis par les mœurs ; pour moi, je n'hésite pas à prendre ces paroles au pied de la lettre : nous avons vu tout-à-l'heure quel était le caractère de la puissance du maître sur l'esclave.

Voilà quelle était la condition du débiteur insolvable, dans le premier état du droit à Rome.

Plus tard, la loi se relâcha un peu de sa sévérité ; le débiteur, de *nexus.* devint *addictus* ou *adjudicatus,* c'est-à-dire qu'il fut non plus *servus,* l'esclave personnel du créancier, mais considéré comme tel, *loco servi;* la différence est grande; le progrès est énorme : L'*adjudicatus,* l'*addictus* n'obligeait plus sa personne : il louait seulement ses services à son créancier pour l'extinction de sa dette; le créancier l'employait comme esclave, jusqu'à ce que son travail personnel eût éteint sa créance (1).

C'était déjà un grand pas de fait : le progrès cependant ne s'arrêta pas là.

De *nexus,* d'*addictus,* dans le troisième état du droit, le débiteur devint seulement *obligatus in bonis,* c'est-à-dire obligé d'abandonner tous ses biens que le créancier fut d'abord forcé de vendre en masse à un *emptor bonorum;* s'il y avait plusieurs créanciers, l'acheteur, *emptor bonorum,* déclarait donner tant

---

(1) Ce changement s'opéra vers le second siècle de la république; on trouve fréquemment ces mots dans les comédies de Plaute.

pour cent des créances, et les créanciers étaient forcés d'accepter
ces conditions; c'était là encore une de ces dispositions singulières, contraires à l'intérêt général et particulier, également
défavorable et au créancier et au débiteur dont les biens vendus
en masse atteignaient rarement leur valeur. Justinien l'abolit, en
permettant aux créanciers de vendre les biens de leur débiteur,
objet par objet, aux conditions les plus favorables.

Voilà l'ensemble des dispositions pénales relatives aux débiteurs : ce simple coup-d'œil, jeté sur leurs transformations succes-
sives, montre mieux que ne pourraient le faire mes paroles, le
progrès philosophique, humain, je pourrais dire chrétien, en
cette matière du droit pénal.

Du reste, le mot *pœna,* en droit romain, ne veut pas dire
peine, dans le sens de pénalité qu'il a de nos jours; il signifie
seulement : *dommages et intérêts;* et cependant, cette *pœna* avait
parfaitement le caractère de notre droit pénal. Dans le Code civil,
nous retrouvons encore ce mot avec le sens qu'y attachaient les
Romains, et nous disons de même : — Obligation *avec clause pénale,* c'est-à-dire avec dommages et intérêts, dans le cas où l'une
des parties n'exécuterait pas son engagement.

En règle générale, on peut dire encore que le vieux droit, le
droit civil, *strictum jus* de la république et de la loi des *Douze-
Tables,* a le caractère de rigueur et d'inextensibilité que l'on
trouve dans les temps modernes du droit criminel : cela se voit
jusque dans ses effets; ainsi, par exemple, à Rome, on était
famosus, c'est-à-dire noté d'infamie par le droit civil comme par
le droit pénal.

Il est à remarquer, sur ce point, que les Romains attachaient
à certaines condamnations civiles des peines morales, et cela
surtout lorsqu'il s'agissait d'obligations ou de contrats où la
bonne foi devait jouer un grand rôle.

Ainsi, par exemple, une condamnation encourue en certains
cas, comme pour la tutelle, le mandat, le dépôt nécessaire, etc.,
entraînait l'infamie, on était *notatus infamia, famosus, improbus;*

et même on perdait quelques-uns des droits civils, comme, par exemple, celui de faire son testament : on était *intestabilis*.

Cela n'existe plus chez nous, dans notre droit civil, non plus que les peines infligées à Rome aux plaideurs téméraires, tant était grand à cette époque l'amour de la chicane.

DROIT CRIMINEL

Je ne pousserai pas plus loin l'examen du droit pénal ainsi
mêlé au droit civil, et je passe au droit criminel, auquel sont
consacrés les 23 titres du livre 48 du *Digeste* (*De Pœnis*), remplis
des dispositions les plus curieuses et les plus singulières. M'aidant
d'un excellent travail critique, fait par un des professeurs de l'Ecole
de Paris, M. Bravard-Veyrières (1), je vais examiner rapidement
ses anomalies et ses erreurs.

La première chose qui frappe, lorsque l'on étudie le droit criminel des Romains, c'est une partialité étrange du législateur ; ce
sont des distinctions choquantes et iniques de la loi. Ainsi, par
exemple, la gravité des peines dépend, non pas de la gravité des
délits ou des crimes, ce qui doit être ; mais, ce qui est souverai-
nement injuste et immoral, du rang et de la position des personnes ; pour les sicaires, les empoisonneurs, les incendiaires, les
assassins, le châtiment varie selon leur position sociale ; ceux
« *honestiore loco positi* » étaient traités avec plus de ménagements

(1) *De l'étude et de l'enseignement du Droit romain, et des résultats qu'on
peut en attendre*, par BRAVARD-VEYRIÈRES. — Paris, 1837.

que les coupables d'un rang inférieur (1) ; à ceux-ci on appliquait
la loi dans toute sa rigueur ; pour ceux de la plus basse condition, pour les esclaves, il n'y avait plus même de lois. Et, comme
le remarque fort bien M. Bravard, « ce n'était pas là un effet
de la condescendance et de la faiblesse du juge, c'était l'œuvre et
la volonté du législateur. Il y avait donc, de par la loi, des assassins privilégiés. »

Le premier signe de cette inégalité devant la loi se retrouve
dans la loi Porcia dont j'ai déjà parlé plus haut, qui défendait
de mettre à mort un citoyen romain, et qui donnait en quelque sorte à celui-ci un privilége sur les autres hommes. C'est
cettte inégalité blessante pour la nature humaine, inique en droit,
révoltante en morale, que le Christianisme a surtout cherché à
effacer; pour cela, il a commencé par proclamer l'égalité de
tous les hommes devant Dieu ; et c'est la sanction de cette maxime
évangélique qui se retrouve dans le premier article de notre Code :
« Tous les Français sont égaux devant la loi. »

Cette maxime, il ne faut pas oublier que c'est la France qui l'a
proclamée la première, car c'est l'éternel honneur de notre pays.

A côté de ces distinctions de personnes, il y avait les distinctions de fait qui n'étaient pas moins singulières. Pour le vol, par
exemple, la peine variait,... selon le plus ou moins de gravité du
fait ou des circonstances qui l'avaient accompagné ? Non pas;
mais selon le plus ou moins d'adresse du voleur. S'était-il laissé
prendre sur le fait ou nanti encore de l'objet qu'il avait dérobé,
le vol était manifeste, et dans le premier état du droit, par la loi
des *Douze-Tables,* le voleur était condamné à la peine capitale :
plus tard, avec le droit prétorien, il fut tenu de payer le qua-

---

(1) Voici le texte :

Legis Corneliæ de sicariis et veneficis pœna insulæ deportatio est et om-
nium bonorum ademptio ; sed solent hodie capite puniri, nisi honestiore loco
positi ut pœnam legis sustineant ; humiliores enim solent vel bestiis subjici.

(L. III, § 5, *ad legem Corneliam de Sicariis, ff.*)

druple de la valeur de la chose volée ; si le vol n'était pas manifeste, la peine n'était que du double (1).

Distinction étrange et absurde.

Certaines peines étaient encore empreintes d'une férocité et
d'une sauvagerie extraordinaires ; la peine des parricides,
par exemple. Assurément, le crime est si affreux que le supplice ordinaire a toujours semblé trop doux aux législateurs, qui même, de notre temps, avant les réformes de 1832, et
dans notre pays, faisaient couper le poing aux parricides, avant
de les mener au dernier supplice ; mais le supplice des Romains
se ressent d'une grande barbarie que l'on s'étonne de trouver encore au VIe siècle de notre ère.

D'après les *Institutes de Justinien*, le coupable était cousu dans
un sac avec un chien, un coq, une guenon et une vipère, tous
animaux ennemis, et en cet état jeté à la mer ou dans la rivière,
afin, dit Justinien, que, vivant il commençât par être privé d'air,
et que mort, la terre ne reçut pas son corps (2).

Enfin, nous trouvons des dispositions singulières qui témoi-
gnent d'une grande superstition ou d'une grande ignorance, ce
qui est souvent la même chose, et qui sont curieuses pour l'histoire de la civilisation à cette époque.

La loi Cornelia que Justinien a confirmée, punissait de mort
ceux qui tuaient les hommes par des enchantements, des paroles
magiques et des sortiléges. Mais, avons-nous bien le droit de
nous moquer de ces superstitions romaines ? il n'y a pas plus
d'un siècle que l'on condamnait en France de prétendus magi-
ciens et, de nos jours, ne voyons-nous pas d'habiles escrocs ex-
ploiter la crédulité publique dans les campagnes, avec leurs spé-
cifiques universels, et leurs paroles magiques ; et, chose plus
singulière, ne voyons-nous pas à chaque instant, la science

(1) Justinien. *Instit.* L. IV, T. Ier. *De obligationibus quæ ex Delicto nas-
cuntur* § 3, § 5.
(2) Justinien, *Institut.* L. IV, tit. 18, § 6. *De Publicis judiciis.*

occulte accaparer, je ne dirai pas notre crédulité, mais au moins notre curiosité, par ses miracles : tant l'esprit de l'homme est disposé à aimer le surnaturel, le mervelleux et à y croire!

« Enfin, dit M. Bravard, en terminant ce que je n'ai fait qu'analyser rapidement, en y ajoutant quelques réflexions, enfin, nous trouvons dans le droit romain une foule de peines qui doivent être bannies de la législation de tout peuple civilisé, tels que la confiscation, la torture, la condamnation aux bêtes féroces, le supplice du feu et celui de la croix..... »

Ici je m'arrête; je cherchais à caractériser par un mot, par un signe, par un fait, l'immense influence que le Christianisme eût sur toutes les institutions non pas seulement de Rome, mais de l'humanité tout entière; je crois l'avoir trouvé dans ce simple mot *la Croix.*

Le supplice de la croix, c'était le supplice le plus honteux, le plus abject, le plus vil; celui qui était réservé aux seuls esclaves, à ceux qui ne valaient pas la peine qu'on les fît mourir autrement; *Maudit,* dit l'Ecriture, *maudit soit celui qui est suspendu au bois;* et cependant, voyez comment cet objet de malédiction, ce signe odieux du dernier supplice est devenu un objet auguste et vénéré : depuis que Jésus-Christ l'a souffert, ce signe d'opprobre est devenu celui de la rédemption et du salut: la croix est respectée et sanctifiée, et cela immédiatement ; voyez en effet le premier des apôtres, saint Pierre, le saint vieillard condamné par l'empereur à être crucifié, demander comme une grâce, comme une dernière faveur d'être crucifié la tête en bas, ne méritant pas, disait-il, l'honneur de mourir comme son divin Maître; voilà déjà la croix signe d'honneur; elle sera bientôt signe du salut, de la rédemption du monde entier, et saint Jean Chrysostôme (1), dans un de ses admirables discours peut dire avec vérité : « Ce que tous les hommes avaient auparavant en hor- » reur est maintenant recherché par tous les hommes, la fi-

(1) Saint Jean Chrysostôme. *Discours contre les Juifs et les Gentils.*

» gure de la croix relève l'éclat de la couronne impériale et
» brille jusque sur la poitrine du dernier des esclaves. (1) »

(1) Le supplice de la croix était fort usité chez les Romains; cependant il
n'en est pas fait mention dans les Compilations de Justinien. Les empereurs
chrétiens abolirent ce supplice atroce, moins par humanité que par vénéra-
tion pour Jésus-Christ mort sur la croix, et Tribonien poussa le zèle jusqu'à
remplacer, dans tous les textes qu'il compila, le mot *Crux* par celui de
Furca.   BRAVARD. Note p. 226.

Après avoir montré l'influence pratique du Christianisme sur l'ensemble des institutions romaines et sur la législation pénale, je ne veux pas finir sans ajouter un mot, un mot seulement sur l'influence morale que le Christianisme a exercée sur les esprits, dans le monde.

Comme je le disais tout-à-l'heure, le Christianisme n'a pas cherché à faire une révolution, car il est l'ennemi des révolutions; il a remué tout l'univers, il a changé la face du monde, mais sans bruit, sans secousse violente; il a toujours marché pas à pas, mais il n'a pas un moment dévié de la route droite que Dieu lui avait tracée; il a marché pas à pas, mais il a marché toujours, il n'a jamais reculé, il n'a même jamais hésité; il a montré aux hommes un but nouveau bien différent de celui que voyaient les païens. Déjà Socrate et Platon, en proclamant le dogme de l'immortalité de l'âme, avaient combattu et terrassé l'antique théorie du désespoir; ils avaient ouvert un horizon nouveau; ils avaient déchiré le voile épais qui, de la terre, cachait les cieux; gloire à eux! ce sont les premiers précurseurs du Christianisme : ils avaient montré que la vie ne s'arrêtait pas sur la terre, et que l'unique occupation des hommes ne devait pas être de vivre tranquille, de la façon la plus heureuse et la plus paisible, évitant la douleur et ne s'inquiétant de rien au-delà de ce monde : Parlez donc à ces hommes imbus de pareilles doctrines, d'espérance et de charité? Quoi donc? Tout n'est-il pas fini ici-bas. --- Je meurs : qu'est-ce que mourir? --- C'est ne pas naître, répondra un poète grec, Philémon. --- Et la vie, qu'est-elle ? --- Nous sommes créés sur la terre pour servir de jouet aux caprices des Dieux, dira un autre. --- Puis le rôle fini, l'acteur tombe, et les spectateurs s'en vont contents ou mécontents. Encore une fois, tout n'est-il pas fini ici-bas ? --- Non, répondent et Socrate et Platon ; non, l'âme est immortelle ; quand vous quittez la terre, votre âme s'envole dans un séjour meilleur ou pire, selon que vous aurez ou bien ou mal vécu. --- Ce mot, ne nous y trompons pas, Messieurs, ce mot, l'âme est immortelle, a commencé la grande, l'immense révolution que le Christianisme devait accomplir. Une chose déjà retient l'homme, dans ce monde, c'est la crainte : au Christianisme est réservé l'éternel honneur d'en ajouter une seconde, c'est l'espérance, l'espérance qui nous conduit, qui nous guide, qui nous soutient, l'espérance d'un monde meilleur qui nous sert de viatique dans le périlleux voyage qui s'appelle la vie, et dont le but est au ciel.

Le Christianisme, permettez-moi de le répéter une dernière fois, n'a fait aucune révolution ; il a laissé subsister autour de lui les vieux usages, les vieilles coutumes ; il n'a changé qu'une seule chose, la plus petite, la plus simple, la plus infime et en même temps la plus importante, il a changé le but. Le but de la vie, avant le Christianisme, était sur la terre ; les philosophes grecs et latins l'avaient reculé sans cesse ; mais il restait toujours sur la terre ; c'est le Christianisme qui, le premier, a osé transporter ce but, et au lieu de le reculer, de le reculer sans cesse, il l'a élevé ; de la terre, il a porté aux cieux. Le premier, il a élevé l'esprit, la pensée, le sentiment des hommes jusqu'à l'idée d'un Dieu profondément et éternellement juste, mais aussi éternellement bon et miséricordieux, --- *misericors et miserator* ; --- si bien qu'au lieu de marcher vers ce but les yeux fixés sur la terre, il nous a forcés à le poursuivre, en élevant sans cesse nos regards ; car, ne l'oublions pas, nous marchons, tous tant que nous sommes, nous poursuivons ce but de la vie, les yeux élevés vers le ciel.

Voilà quelle a été l'influence morale du Christianisme ; voilà ce

qui a changé, ce qui a régénéré le monde; voilà ce qui le chan-
gera encore, ce qui le conduira à cette perfection qui est le but
de toute civilisation, comme elle doit être l'unique but de toute
notre vie.

J'ai fini; vous voyez, Messieurs, combien je suis resté au-dessous de la tâche que je m'étais imposée : Puisse mon empressement à répondre au bienveillant appel qui m'a été fait, me tenir
lieu, près de vous, d'excuses légitimes et nécessaires.

Paris — Imprimerie A-E. ROCHETTE, 22, rue d'Assas, faubourg Saint-Germain

www.ingramcontent.com/pod-product-compliance
Lightning Source LLC
LaVergne TN
LVHW021827170726
843503LV00007B/3345